Service de Catéchèse du diocèse de Cambrai
Collection Chemins de Vie

Paroles pour vivre

Année liturgique C

4e année de catéchèse • LIVRE JEUNES

La présente édition est conforme aux normes fixées par la conférence épiscopale française (cf. texte de référence).

Imprimatur : Cambrai, le 10 avril 2000.
✝, L'Abbé Paul Lamotte, Administrateur diocésain de Cambrai.

Le Sénevé
18, rue de Condé
75006 Paris

Dessins de Henri-Claude Jouvenaux dont ceux des pages 9 et 13, ont été réalisés d'après une idée originale des Éditions Marguerite.

Dépôt légal : 2e trimestre 2000.
Imprimé en Espagne.
Achevé d'imprimer par Graficromo, Cordoue.

Introduction

Paroles pour vivre fait suite aux trois étapes (*Ouvrons nos yeux, Dis-nous ton secret, Enfants de lumière*) du parcours **Chemins de vie** du diocèse de Cambrai.

Cette **quatrième année de catéchèse** est le fruit d'une expérimentation. Elle s'adresse aux enfants en difficultés scolaires et comporte :

- des propositions pédagogiques qui favorisent la créativité autour de la lecture d'images et de photos,
- des récits bibliques à raconter,
- des dessins ludiques et symboliques pour approfondir le thème,
- une cassette de chants nouveaux et un répertoire ouvert aux répertoires des paroisses,
- des éléments pour oser faire des recherches sur Internet,
- des éléments pour aider les enfants à mieux participer à la liturgie dominicale.

Ces « Paroles pour vivre » s'adressent également aux enfants qui entrent en classe de sixième **sans avoir été catéchisés auparavant.** Ils seront **invités à** entrer progressivement dans le mystère de la foi par une catéchèse tenant compte du corps et des cinq sens.

Ces « Paroles pour vivre » s'adressent enfin aux enfants **qui arrivent en cours d'année scolaire.** Elles permettent, par la souplesse des propositions et les liens avec la liturgie du dimanche, de moduler chaque thème selon les besoins.

Le livre de l'animateur qui accompagne ce parcours propose une pédagogie « à la carte » autour de la Parole de Dieu et un cadre initiatique : initiation à la prière, initiation aux sacrements, initiation à la vie en Église en aidant l'enfant à poser des actes et à se dépasser.

**Paroles pour vivre est proposé par une équipe du diocèse de Cambrai :
Chantal Lesage, Marie-Thérèse Gros, Denise Bruyerre, Marie-Noëlle Frumin.
Réalisé par Christiane Huriau et l'abbé Henri-Claude Jouvenaux.**

NOTA BENE : Il y a un livre enfant pour l'année A, ou pour l'année B, ou pour l'année C avec des thèmes communs aux trois et un seul livre de l'animateur pour les trois années.

Les dix mots-clés

Les mots-clés situés en haut des pages de texte attirent l'attention sur les activités et les réflexions à partager autour de chaque thème. On les retrouve à la fin du livre de l'animateur. Les mots-clés qui apparaissent en pastel ne concernent pas le thème.

RACONTER Ce qu'il faut savoir avant de raconter et pour raconter.

LE JEU Jouer pour rejoindre l'enfant dans toutes les dimensions de sa vie.

L'AUDIOVISUEL Pour analyser un produit audiovisuel et une émission de télévision.

LE DÉBAT Regard sur les membres d'un groupe : comment négocier, s'écouter, savoir écouter.

LIRE UNE IMAGE Comment lire une image en tenant compte des impacts sensoriels et émotifs.

LE CHANT Pour apprendre un chant et faire des progrès.

LA PRIÈRE Des gestes, des attitudes, une manière de faire pour essayer de prier.

LA GESTUATION Pour valoriser l'attitude intérieure de celui qui gestue.

LES CINQ SENS Pour aborder la sensorialité (qui n'est pas la sensualité).

LE PANNEAU Des idées pour faire un panneau.

Sommaire

Florida

Invités à faire équipe

En ce temps-là, Jésus prit la parole : « Père, Seigneur du ciel et de la terre, je proclame ta louange : ce que tu as caché aux sages et aux savants, tu l'as révélé aux tout-petits. Oui, Père, tu l'as voulu ainsi dans ta bonté. Tout m'a été confié par mon Père; personne ne connaît le Fils, sinon le Père, et personne ne connaît le Père, sinon le Fils, et celui à qui le Fils veut le révéler. »

Mt 11, 25-28.

Invités à devenir le peuple de Dieu

Béni soit Dieu, le Père de notre Seigneur Jésus-Christ...

En lui, il nous a choisis avant la création du monde, pour que nous soyons, dans l'amour, saints et irréprochables sous son regard.

Il nous a d'avance destinés à devenir pour lui des Fils par Jésus-Christ, qui nous obtient par son sang la rédemption, le pardon de nos fautes.

Il nous a dévoilé le mystère de sa volonté, de ce qu'il prévoyait dans le Christ; Il projetait de saisir l'univers entier, ce qui est au ciel et ce qui est sur la terre, en réunissant tout sous un seul chef, le Christ.

En lui, Dieu nous a d'avance destinés à devenir son peuple.

Dans le Christ, vous aussi, vous avez écouté la parole de vérité, la Bonne Nouvelle de votre salut; en lui, devenus des croyants, vous avez reçu la marque de l'Esprit-Saint. Et l'Esprit que Dieu avait promis, c'est la première avance qu'il nous a faite sur l'héritage dont nous prendrons possession au jour de la délivrance finale, à la louange de sa gloire.

(lettre de Paul aux Ephésiens 1,3-5,7,9-11,13-14)

LES UNS COMME LES AUTRES RÉUNIS
EN UN SEUL CORPS,
IL VOULAIT LES RÉCONCILIER AVEC
DIEU PAR LA CROIX :
EN SA PERSONNE,
IL A TUÉ LA HAINE.

Eph. 1, 14

Invités à nous émerveiller de la promesse de Dieu

Lorsque le seigneur Dieu fit la terre et le ciel, aucun buisson n'était encore sur la terre, aucune herbe n'avait poussé, parce que le Seigneur Dieu n'avait pas encore fait pleuvoir, et il n'y avait pas d'homme pour travailler le sol. Mais de l'eau sortait de terre et imbibait tout le sol. Alors le Seigneur Dieu modela l'homme avec la poussière tirée du sol; il insuffla dans ses narines le souffle de vie, et l'homme devint un être vivant. Le Seigneur Dieu planta un jardin en Eden, à l'Orient, et y plaça l'homme qu'il avait modelé.... Le Seigneur Dieu dit : « il n'est pas bon que l'homme soit seul. Je vais lui faire une aide qui lui correspondra. » Avec de la terre, le Seigneur Dieu façonna toutes les bêtes des champs et tous les oiseaux du ciel, et il les amena vers l'homme pour voir quels noms il leur donnerait. C'étaient des êtres vivants, et l'homme donna un nom à chacun. L'homme donna donc leurs noms à tous les animaux, aux oiseaux du ciel et à toutes les bêtes des champs. Mais il ne trouva aucune aide qui lui corresponde. Alors le Seigneur Dieu fit tomber sur lui un sommeil mystérieux, et l'homme s'endormit. Le Seigneur Dieu prit de la chair dans son côté, puis il referma. Avec ce qu'il avait pris à l'homme, il forma une femme et il l'amena vers l'homme. L'homme dit alors : « Cette fois-ci, voilà l'os de mes os et la chair de ma chair ! On l'appellera : "femme" ». « A cause de cela, l'homme quittera son père et sa mère, il s'attachera à sa femme, et tous deux ne feront plus qu'un ».

(Genèse 2,4-9,15-25)

Dieu vit tout ce qu'il avait fait; c'était très bon.

(Genèse 1,31a)

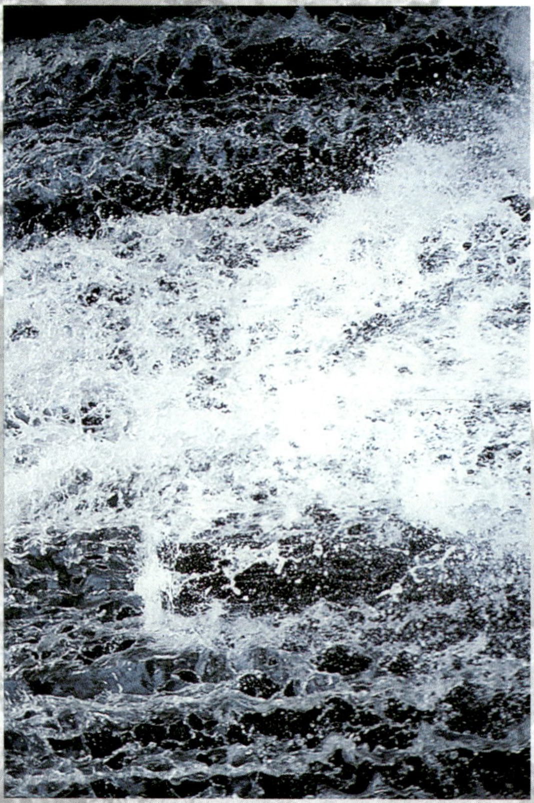

ALLAHU
GOYA 1746. 1828.
ALEGORIA.
Gabarre·96
CARAVANA

Invités à nous relever

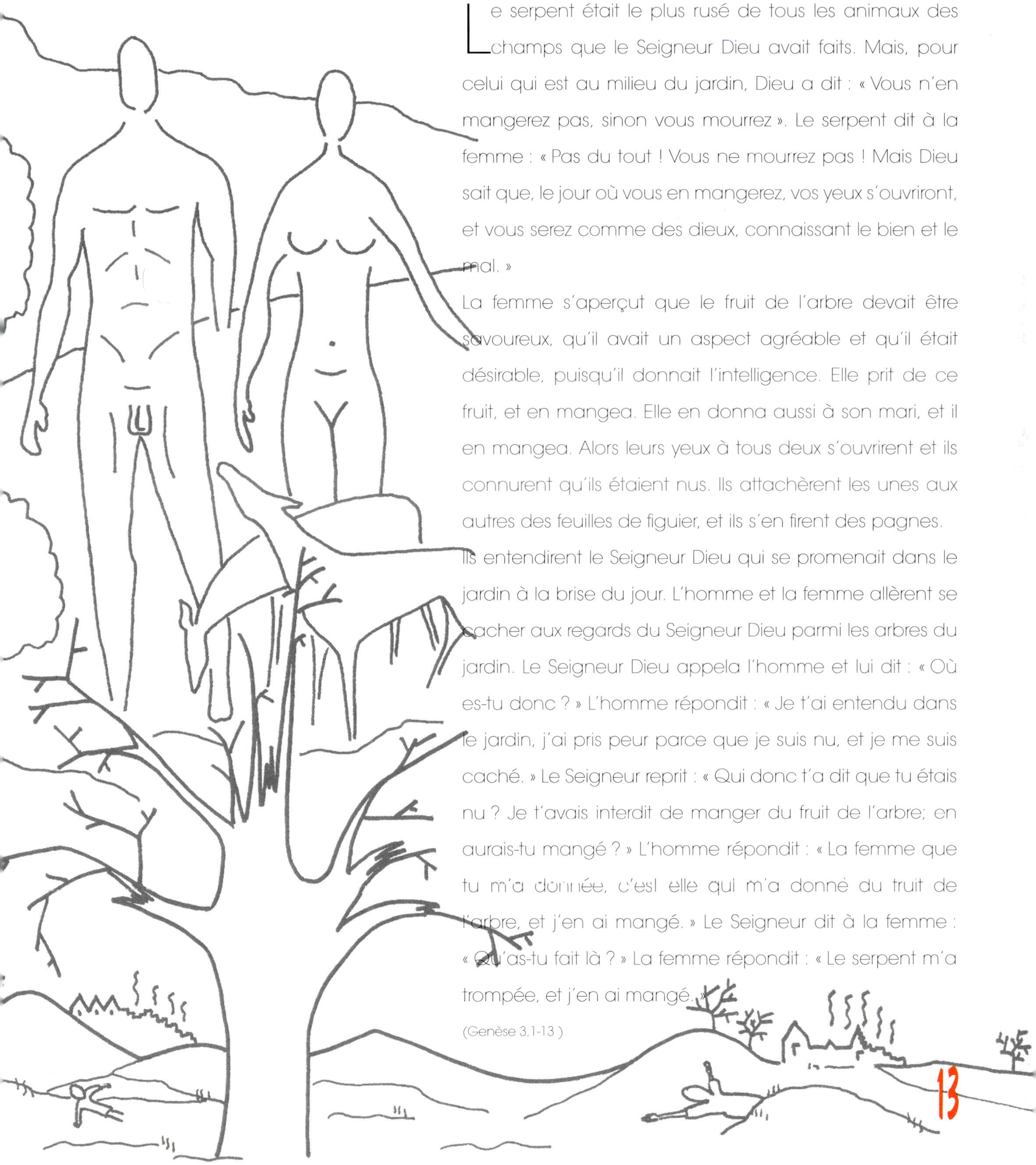

Le serpent était le plus rusé de tous les animaux des champs que le Seigneur Dieu avait faits. Mais, pour celui qui est au milieu du jardin, Dieu a dit : « Vous n'en mangerez pas, sinon vous mourrez ». Le serpent dit à la femme : « Pas du tout ! Vous ne mourrez pas ! Mais Dieu sait que, le jour où vous en mangerez, vos yeux s'ouvriront, et vous serez comme des dieux, connaissant le bien et le mal. »

La femme s'aperçut que le fruit de l'arbre devait être savoureux, qu'il avait un aspect agréable et qu'il était désirable, puisqu'il donnait l'intelligence. Elle prit de ce fruit, et en mangea. Elle en donna aussi à son mari, et il en mangea. Alors leurs yeux à tous deux s'ouvrirent et ils connurent qu'ils étaient nus. Ils attachèrent les unes aux autres des feuilles de figuier, et ils s'en firent des pagnes.

Ils entendirent le Seigneur Dieu qui se promenait dans le jardin à la brise du jour. L'homme et la femme allèrent se cacher aux regards du Seigneur Dieu parmi les arbres du jardin. Le Seigneur Dieu appela l'homme et lui dit : « Où es-tu donc ? » L'homme répondit : « Je t'ai entendu dans le jardin, j'ai pris peur parce que je suis nu, et je me suis caché. » Le Seigneur reprit : « Qui donc t'a dit que tu étais nu ? Je t'avais interdit de manger du fruit de l'arbre; en aurais-tu mangé ? » L'homme répondit : « La femme que tu m'a donnée, c'est elle qui m'a donné du fruit de l'arbre, et j'en ai mangé. » Le Seigneur dit à la femme : « Qu'as-tu fait là ? » La femme répondit : « Le serpent m'a trompée, et j'en ai mangé. »

(Genèse 3,1-13)

Invités à aller plus loin

Abraham vivait en Chaldée. Il n'avait pas encore reçu le nom d'Abraham.
Le Seigneur lui dit : « Pars de ton pays, laisse ta famille et la maison de ton père, va dans le pays que je te montrerai. Je ferai de toi une grande nation, je te bénirai, je rendrai grand ton nom, et tu deviendras une bénédiction, je maudirai celui qui te méprisera. En toi seront bénies toutes les familles de la terre. » Abram partit comme le Seigneur le lui avait dit, et Loth partit avec lui. Abram avait soixante quinze ans lorsqu'il sortit de Harrane, ils se mirent en route pour Canaan et ils arrivèrent dans ce pays. Abram traversa le pays jusqu'à Sichem, au chêne de Moré. Les cananéens étaient alors dans le pays. Le Seigneur apparut à Abram et dit : « C'est à ta descendance que je donnerai ce pays . »

(Genèse12,1-7)

La parole du Seigneur fut adressée à Abram dans une vision : « Ne crains pas, Abram ! Je suis un bouclier pour toi. Tu recevras de cette Alliance un merveilleux salaire. » Abram répondit : « Mon Seigneur Dieu, qu'est-ce que tu vas me donner ? Je suis sans enfant... Tu ne m'as pas donné de descendance, et c'est un de mes serviteurs qui sera mon héritier. »
Alors cette parole du Seigneur fut adressée à Abram : « Ce n'est pas lui qui sera ton héritier, mais quelqu'un de ton sang. » Puis il le fit sortir et lui dit : « Regarde le ciel, et compte les étoiles, si tu le peux... » Et il déclara : « Vois quelle descendance tu auras ! » Abram eut foi dans le Seigneur et le Seigneur estima qu'il était juste.

(Genèse 15,1-6)

Invités à ouvrir les yeux

Je vis une foule immense, que nul ne pouvait dénombrer, une foule de toutes nations, races, peuples et langues. Ils se tenaient debout devant le Trône et devant l'Agneau, en vêtements blancs, avec des palmes à la main. Et ils proclamaient d'une voix forte : « Le salut est donné par notre Dieu, lui qui siège sur le trône et par l'Agneau ! »

Tous les anges qui se tenaient en cercle autour du trône, autour des Anciens et des quatre Vivants, se prosternèrent devant le Trône, la face contre terre, pour adorer Dieu. Et ils disaient : « Amen ! louange, gloire, sagesse et action de grâce, honneur, puissance et force à notre Dieu pour les siècles des siècles ! Amen ! »

L'un des Anciens prit alors la parole et me dit : « Tous ces gens vêtus de blanc, qui sont-ils, et d'où viennent-ils ? » Je lui répondis : « C'est toi qui le sais, mon Seigneur. » Il reprit : « Ils viennent de la grande épreuve; ils ont lavé leurs vêtements, ils les ont purifiés dans le sang de l'Agneau. »

(Apocalypse 7,9-14)

Invités à croire au bonheur

Quand Jésus vit la foule, il gravit la montagne. IL s'assit, et ses disciples s'approchèrent. Alors, ouvrant la bouche, il se mit à les instruire. Il disait : « Heureux les pauvres de cœur : le Royaume des cieux est à eux ! Heureux les doux : Ils obtiendront la terre promise ! Heureux ceux qui pleurent, ils seront consolés ! Heureux ceux qui ont faim et soif de la justice : ils seront rassasiés ! Heureux les miséricordieux, ils obtiendront miséricorde ! Heureux les cœurs purs : ils verront Dieu ! Heureux les artisans de paix : ils seront appelés Fils de Dieu ! Heureux ceux qui sont persécutés pour la justice : le Royaume des cieux est à eux ! Heureux serez-vous si l'on vous insulte, si l'on vous persécute et si l'on dit toute sorte de mal contre vous,à cause de moi. Réjouissez-vous, soyez dans l'allégresse, car votre récompense sera grande dans les cieux !

(Mt 5,1-12a)

Invités à retrouver nos racines

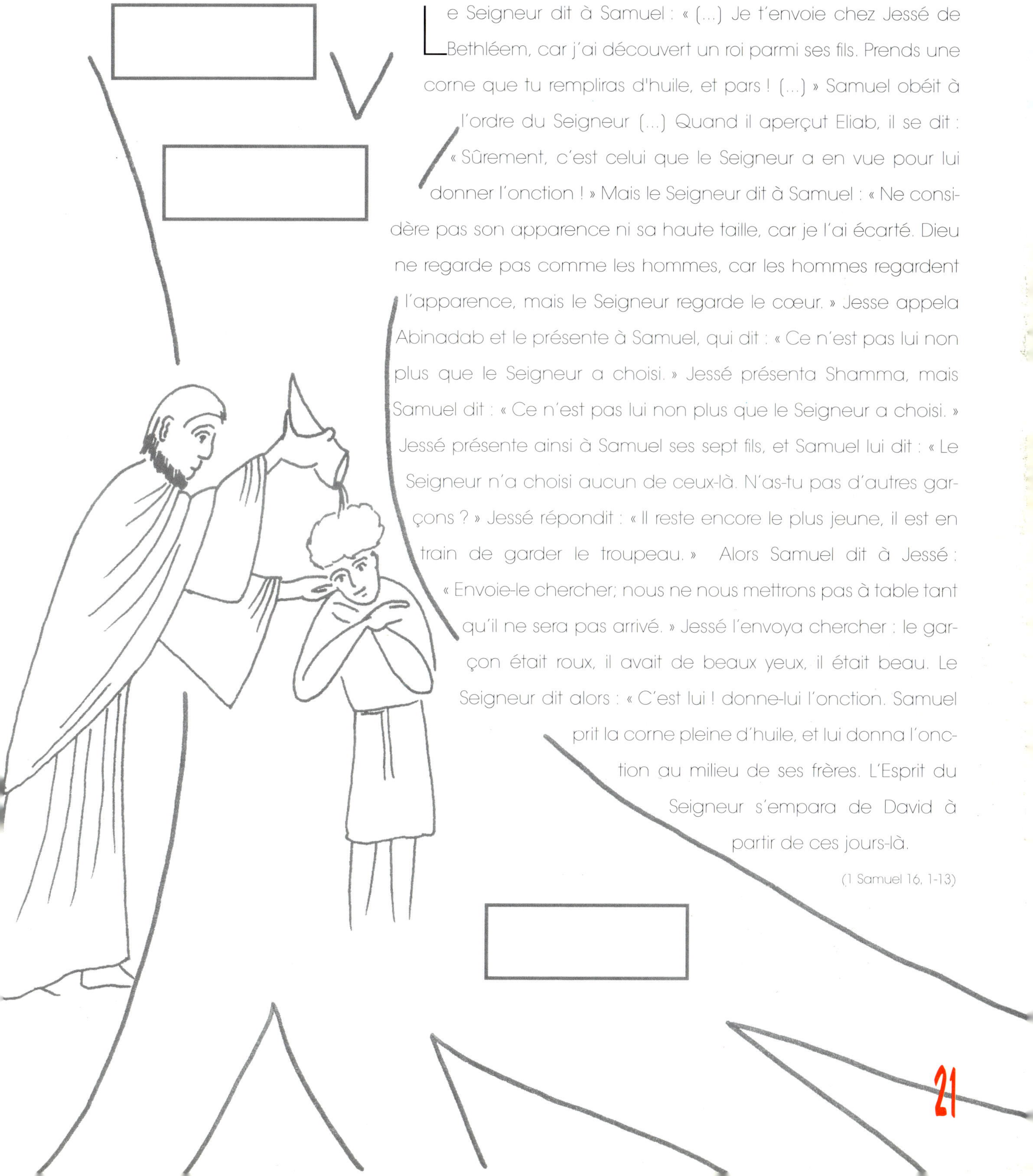

Le Seigneur dit à Samuel : « (...) Je t'envoie chez Jessé de Bethléem, car j'ai découvert un roi parmi ses fils. Prends une corne que tu rempliras d'huile, et pars ! (...) » Samuel obéit à l'ordre du Seigneur (...) Quand il aperçut Eliab, il se dit : « Sûrement, c'est celui que le Seigneur a en vue pour lui donner l'onction ! » Mais le Seigneur dit à Samuel : « Ne considère pas son apparence ni sa haute taille, car je l'ai écarté. Dieu ne regarde pas comme les hommes, car les hommes regardent l'apparence, mais le Seigneur regarde le cœur. » Jesse appela Abinadab et le présente à Samuel, qui dit : « Ce n'est pas lui non plus que le Seigneur a choisi. » Jessé présenta Shamma, mais Samuel dit : « Ce n'est pas lui non plus que le Seigneur a choisi. » Jessé présente ainsi à Samuel ses sept fils, et Samuel lui dit : « Le Seigneur n'a choisi aucun de ceux-là. N'as-tu pas d'autres garçons ? » Jessé répondit : « Il reste encore le plus jeune, il est en train de garder le troupeau. » Alors Samuel dit à Jessé : « Envoie-le chercher; nous ne nous mettrons pas à table tant qu'il ne sera pas arrivé. » Jessé l'envoya chercher : le garçon était roux, il avait de beaux yeux, il était beau. Le Seigneur dit alors : « C'est lui ! donne-lui l'onction. Samuel prit la corne pleine d'huile, et lui donna l'onction au milieu de ses frères. L'Esprit du Seigneur s'empara de David à partir de ces jours-là.

(1 Samuel 16, 1-13)

Invités à faire confiance à la promesse de Dieu

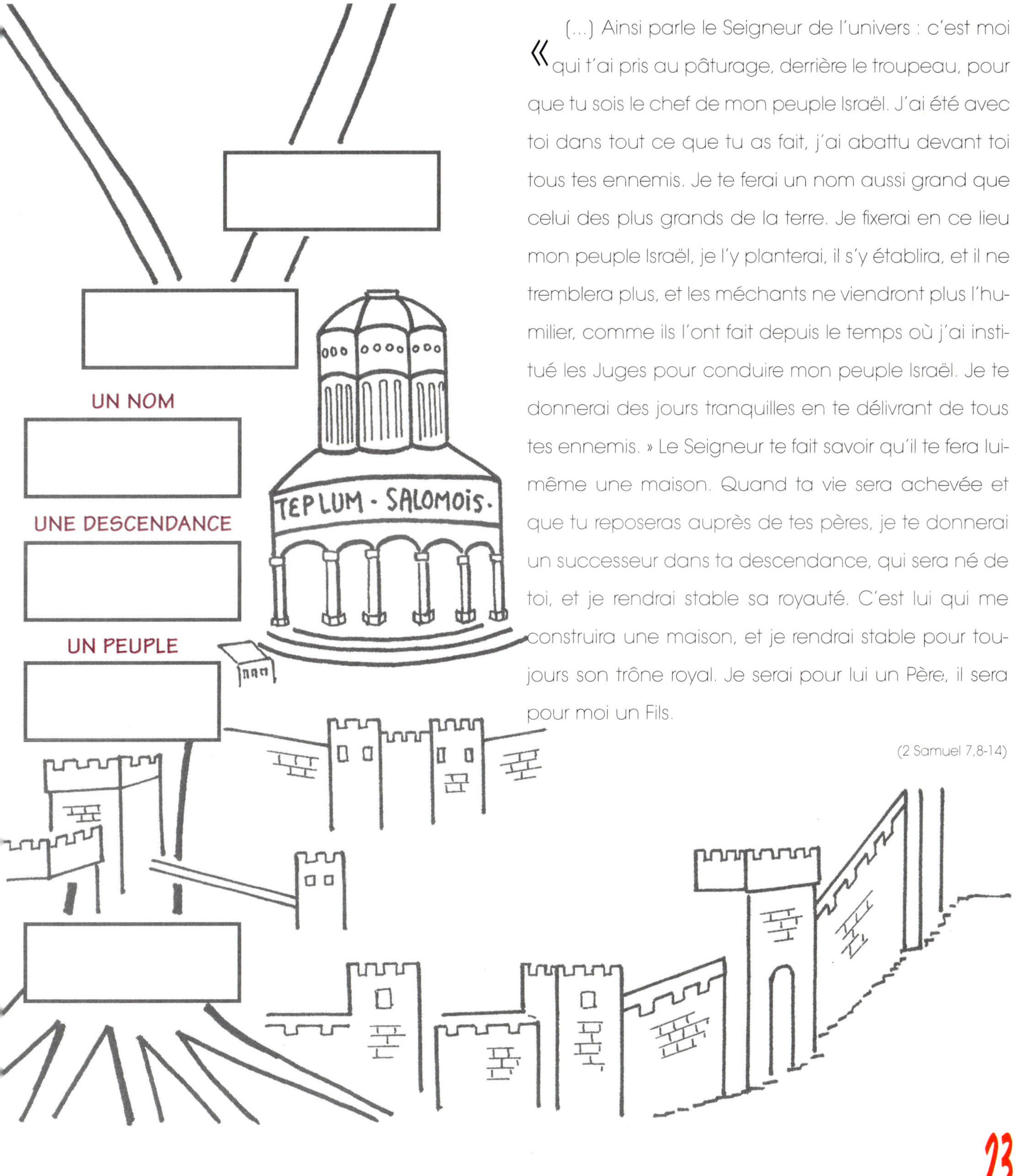

« (...) Ainsi parle le Seigneur de l'univers : c'est moi qui t'ai pris au pâturage, derrière le troupeau, pour que tu sois le chef de mon peuple Israël. J'ai été avec toi dans tout ce que tu as fait, j'ai abattu devant toi tous tes ennemis. Je te ferai un nom aussi grand que celui des plus grands de la terre. Je fixerai en ce lieu mon peuple Israël, je l'y planterai, il s'y établira, et il ne tremblera plus, et les méchants ne viendront plus l'humilier, comme ils l'ont fait depuis le temps où j'ai institué les Juges pour conduire mon peuple Israël. Je te donnerai des jours tranquilles en te délivrant de tous tes ennemis. » Le Seigneur te fait savoir qu'il te fera lui-même une maison. Quand ta vie sera achevée et que tu reposeras auprès de tes pères, je te donnerai un successeur dans ta descendance, qui sera né de toi, et je rendrai stable sa royauté. C'est lui qui me construira une maison, et je rendrai stable pour toujours son trône royal. Je serai pour lui un Père, il sera pour moi un Fils.

(2 Samuel 7,8-14)

Invités à faire des progrès pour Jésus

Parole du Seigneur. Voici venir des jours où j'accomplirai la promesse de bonheur que j'ai adressée à la maison d'Israël et à la maison de Juda. En ces jours là, en ce temps là, je ferai naître chez David un germe de justice, et il exercera dans le pays le droit et la justice. En ces jours-là, Juda sera délivré, Jérusalem habitera en sécurité, et voici le nom qu'on lui donnera : « Le Seigneur est notre justice ».

Jr 33, 14-16

Invités à préparer la venue de Jésus dans sa vie de tous les jours

L'an quinze du règne de l'empereur Tibère, Ponce Pilate étant gouverneur de la Judée, Hérode, prince de Galilée, son frère Philippe, prince du pays d'Iturie et de Trachonitide, Lysianas, prince d'Abylène, les grands prêtres étant Anne et Caïphe, la parole de Dieu fut adressée dans le désert à Jean, fils de Zacharie. Il parcourut toute la région du Jourdain ; il proclamait un baptême de conversion pour le pardon des péchés, comme il est écrit dans le livre du prophète Isaïe : « À travers le désert, une voix crie : préparez le chemin du Seigneur, aplanissez sa route. Tout ravin sera comblé, toute montagne et toute colline seront abaissées ; les passages tortueux deviendront droits, les routes déformées seront aplanies et tout homme verra le salut de Dieu… » Les foules qui venaient se faire baptiser par Jean lui demandaient : « Que devons-nous faire ? » Jean leur répondait : « Celui qui a deux vêtements, qu'il partage avec celui qui n'en a pas ; et celui qui a de quoi manger, qu'il fasse de même ! » Des publicains (collecteur d'impôts) vinrent aussi se faire baptiser et lui dirent : « Maître, que devons-nous faire ? » Il leur répondit : « N'exigez rien de plus que ce qui vous est fixé. » À leur tour, des soldats lui demandaient : « Et nous, que devons-nous faire ? » Il leur répondit : « Ne faites ni violence, ni tort à personne et contentez-vous de votre solde. » Or, le peuple était en attente, et tous se demandaient en eux-mêmes si Jean n'était pas le Messie. Jean s'adressa alors à tous : « Moi, je vous baptise avec l'eau ; mais il vient, celui qui est plus puissant que moi et pas digne de défaire la courroie de ses sandales. Lui vous baptisera dans l'Esprit-Saint et dans le feu. »

Lc 3, 1-6

Lc 3, 10-14

JESUCRISTO
EL UNICO QUE PUEDE
CAMBIAR TU VIDA.
(ACEPTALO COMO TU SALVADOR)

Invités à reconnaître la présence du Dieu de la paix

En ces jours là, parut un édit de l'empereur Auguste ordonnant de recenser toute la terre. Ce premier recensement eut lieu lorsque Quirinius était gouverneur de Syrie. Joseph, lui aussi, quitta la ville de Nazareth en Galilée, pour monter en Judée, à la ville de David appelée Bethléem, car il était de la maison et de la descendance de David. Il venait se faire inscrire avec Marie, son épouse, qui était enceinte. Or, pendant qu'ils étaient là, arrivèrent les jours où elle devait enfanter. Et elle mit au monde son fils premier-né ; elle l'emmaillota et le coucha dans une mangeoire, car il n'y avait pas de place pour eux dans la salle commune.

Dans les environs se trouvaient des bergers qui passaient la nuit dans les champs pour garder leurs troupeaux. L'Ange du Seigneur s'approcha, et la gloire du Seigneur les enveloppa de sa lumière. Ils furent saisis d'une grande crainte, mais l'ange leur dit : « Ne craignez pas, car voici que je viens vous annoncer une bonne nouvelle : aujourd'hui vous est né un Sauveur, dans la ville de David. Il est le Messie, le Seigneur. Et voilà le signe qui vous est donné : vous trouverez un nouveau-né emmailloté et couché dans une mangeoire. » Et soudain il y eut avec l'Ange une troupe céleste innombrable qui louait Dieu en disant : « Gloire à Dieu et paix sur la terre. »

Lc 2, 1-4

Invités à offrir les choses de notre vie

Jésus était né à Bethléem en Judée, au temps du roi Hérode le grand. Or, voici que des mages venus d'Orient arrivèrent à Jérusalem et demandèrent : « Où est le roi des juifs qui vient de naître ? Nous avons vu se lever son étoile et nous sommes venus nous prosterner devant lui. » En apprenant cela, le roi Hérode fut pris d'inquiétude, et tout Jérusalem avec lui. Ils lui répondirent : « A Bethléem en Judée, car voici ce qui est écrit par le prophète : Et toi Bethléem en Judée, tu n'es certes pas le dernier parmi les chefs-lieux de Judée; car de toi sortira un chef, qui sera le berger d'Israël mon peuple. » Alors Hérode convoqua les mages en secret pour leur faire préciser à quelle date l'étoile était apparue; puis il les envoya à Bethléem, en leur disant : « Allez vous renseigner avec précision sur l'enfant. Et quand vous l'aurez trouvé, avertissez-moi pour que j'aille, moi aussi, me prosterner devant lui. » Sur ces paroles du roi, ils partirent. Et voilà que l'étoile qu'ils avaient vue se lever les précédait; elle vint s'arrêter au-dessus du lieu où se trouvait l'enfant. Quand ils virent l'étoile, ils éprouvèrent une très grande joie. En entrant dans la maison, ils virent l'enfant avec Marie sa mère; et, tombant à genoux, ils se prosternèrent devant lui. Ils ouvrirent leurs coffrets, et lui offrirent leur présents: de l'or, de l'encens et de la myrrhe.

Mais ensuite, avertis en songe de ne pas retourner chez Hérode, ils regagnèrent leur pays par un autre chemin.

(MT 2,1-12)

Invités à vivre en baptisés

Le peuple venu auprès de Jean-Baptiste était en attente et tous se demandaient en eux-mêmes si Jean n'était pas le Messie. Jean s'adressa alors à tous : « Moi, je vous baptise avec de l'eau ; mais il vient, celui qui est plus puissant que moi. Je ne suis pas digne de défaire la courroie de ses sandales. Lui vous baptisera dans l'Esprit-Saint et dans le feu. » Comme tout le peuple se faisait baptiser et que Jésus priait, après avoir été baptisé lui aussi, alors le ciel s'ouvrit. L'Esprit-Saint descendit sur Jésus, sous une apparence corporelle, comme une colombe. Du ciel une voix se fit entendre : « C'est toi mon Fils : moi, aujourd'hui, je t'ai engendré. »

Lc 3, 15-22

Invités à accueillir Jésus chez soi

Il y avait un mariage à Cana de Galilée. La mère de Jésus était là. Jésus aussi avait été invité au repas de noces avec ses disciples. Or, on manqua de vin ; la mère de Jésus lui dit : « Ils n'ont plus de vin. » Jésus lui répond : « Femme, que me veux-tu mon heure n'est pas encore venue. » Sa mère dit aux serviteurs : « Faites tout ce qu'il vous dira. » Jésus dit aux serviteurs : « Remplissez d'eau ces cuves. » Et ils les remplirent jusqu'au bord. Ils lui en portèrent. Le maître du repas goûta l'eau changée en vin. Il ne savait pas d'où venait ce vin, mais les serviteurs le savaient, eux qui avaient puisé l'eau. Alors le maître du repas interpelle le marié et lui dit : « Tout le monde sert le bon vin en premier, et, lorsque les gens ont bien bu, on apporte le vin le moins bon. Mais toi tu as gardé le bon vin jusqu'à maintenant. » Tel fut le commencement des signes que Jésus accomplit. C'était à Cana en Galilée. Il manifesta sa gloire, et ses disciples crurent en lui. Après cela, il descendit à Capharnaüm avec sa mère, ses frères et ses disciples, et ils y restèrent quelques jours.

Jn 2,1-12

Invités à être dociles au Saint-Esprit à la suite de Jésus

Plusieurs ont entrepris de composer un récit des événements qui se sont accomplis parmi nous, tels que nous les ont transmis ceux qui, dès le début, furent les témoins occulaires et sont devenus les serviteurs de la Parole. C'est pourquoi j'ai décidé, moi aussi, après m'être informé soigneusement de tout depuis les origines, d'en écrire pour toi, cher Théophile, un exposé suivi, afin que tu te rendes bien compte de la solidité des enseignements que tu as rcçus. Lorsque Jésus, avec la puissance de l'Esprit, revint en Galilée, sa renommée se répandit dans toute la région. Il enseignait dans les synagogues des juifs et tout le monde faisait son éloge. Il vint à Nazareth où il avait grandi. Comme il en avait l'habitude, il entra dans la synagogue le jour du sabbat, et il se leva pour faire la lecture. On lui présenta le livre du prophète Isaïe. Il ouvrit le livre et trouva le passage où il est écrit : « L'Esprit du Seigneur est sur moi parce qu'il m'a envoyé porter la Bonne Nouvelle aux pauvres, annoncer aux prisonniers qu'ils sont libres, et aux aveugles qu'ils verront la lumière, apporter aux opprimés la libération, annoncer une année de bienfaits accordée par le Seigneur. » Jésus referma le livre, le rendit au servant et s'assit. Tous, dans la synagogue, avaient les yeux fixés sur lui. Alors il se mit à leur dire : « Cette parole de l'Écriture, que vous venez d'entendre, c'est aujourd'hui qu'elle s'accomplit. »

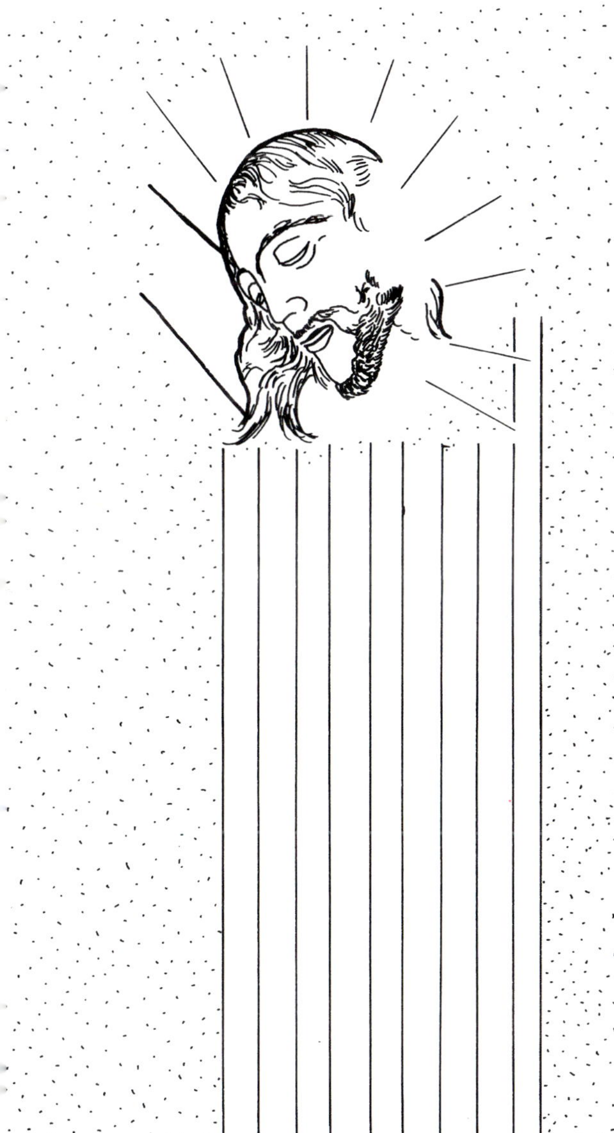

Lc 1,1-4 ; 4, 14-21

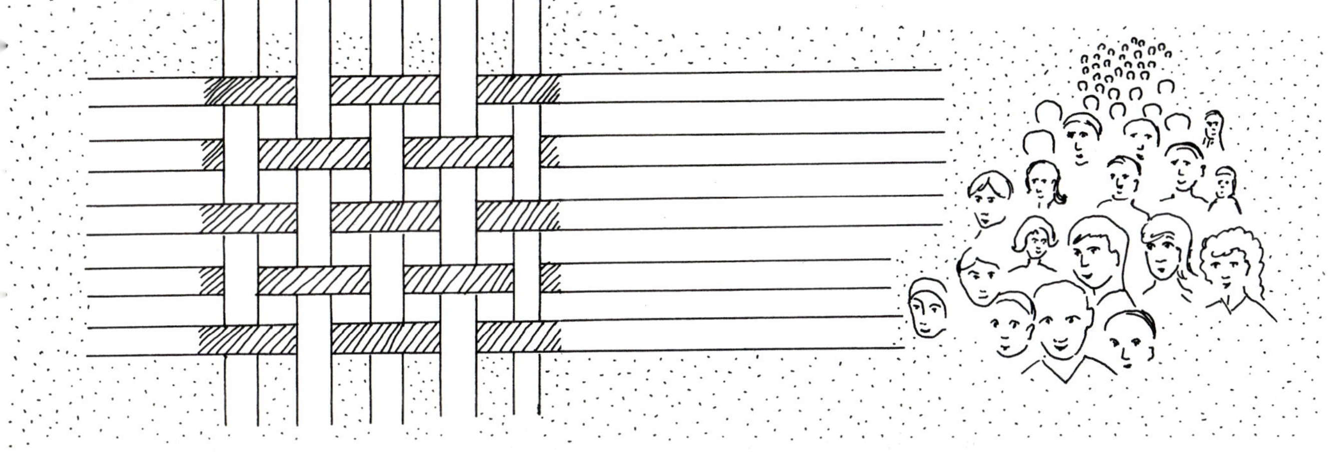

Invités à ouvrir son esprit et son cœur

Dans la synagogue de Nazareth, après la lecture du livre d'Isaïe, Jésus déclara : « Cette parole de l'Écriture que vous venez d'entendre, c'est aujourd'hui qu'elle s'accomplit. » Tous lui rendaient témoignage ; et ils s'étonnaient du message de grâce qui sortait de sa bouche. Ils se demandaient : « N'est-ce pas là le fils de Joseph ? » mais il leur dit : « Sûrement vous allez me citer le dicton : "Médecin, guéris-toi toi-même. Nous avons appris tout ce qui s'est passé à Capharnaüm : fais donc de même ici dans ton pays !" Puis il ajouta : « Amen, je vous le dis, aucun problème n'est bien accueilli dans son pays. En toute vérité, je vous le déclare : au temps du prophète Élie, lorsque la sécheresse et la famine ont sévi pendant trois ans et demi, il y avait beaucoup de veuves en Israël ; pourtant Élie n'a été envoyé vers aucune d'entre elles, mais bien vers une veuve, de la ville de Sarepta, dans le pays de Sidon. Au temps du prophète Élisée, il y avait beaucoup de lépreux en Israël ; pourtant aucun d'entre eux n'a été purifié, mais bien Naaman, un Syrien. » À ces mots, dans la synagogue, tous devinrent furieux. Ils se levèrent, poussèrent Jésus hors de la ville, et le menèrent jusqu'à un escarpement de la colline où la ville est construite, pour le précipiter en bas. Mais lui, passant au milieu d'eux, allait son chemin.

Lc 4, 21-30

Dns i i
gne diiu
dicabit 7
i gladio s
uo ad oēz
carnē. Et i
fra veniet
ois caro
ut adoret
corā faciē
mea. dicit
dns. Et e
gredient 7

Invités à adorer Dieu

L'année de la mort du roi Ozias, je vis le Seigneur qui siégeait sur un trône très élevé ; les pans de son manteau remplissait le Temple. Des séraphins se tenaient au-dessus de lui. Ils se criaient l'un à l'autre : « Saint ! Saint ! Saint, le Seigneur Dieu de l'univers. Toute la terre est remplie de sa gloire. » Les pivots des portes se mirent à trembler à la voix de celui qui criait, et le Temple se remplissait de fumée.

Je dis alors : « Malheur à moi ! je suis perdu, car je suis un homme aux lèvres impures ; et mes yeux ont vu le Roi, le Seigneur de l'univers ! » l'un des séraphins vola vers moi, tenant un charbon brûlant qu'il avait pris avec des pinces sur l'autel. Il l'approcha de ma bouche et dit : « Ceci a touché tes lèvres, et maintenant ta faute est enlevée, ton péché est pardonné. » J'entendis alors la voix du Seigneur qui disait : « Qui enverrai-je ? Qui sera notre messager ? » Et j'ai répondu : « Moi, je serai ton messager : envoie-moi. »

Is 6, 1-8

Invités à mettre sa confiance dans le Seigneur

Parole du Seigneur. Maudit soit l'homme qui met sa confiance dans un mortel, qui s'appuie sur un être de chair, tandis que son cœur se détourne du Seigneur. Il sera comme un buisson sur une terre désolée, il ne verra pas venir le bonheur. Il aura pour demeure les lieux arides du désert, une terre salée et inhabitable. Béni soit l'homme qui met sa confiance dans le Seigneur, dont le Seigneur est l'espoir. Il sera comme un arbre planté au bord des eaux, qui étend ses racines vers le courant : il ne craint pas la chaleur quand elle vient, et son feuillage reste vert ; il ne redoute pas une année de sécheresse, car elle ne l'empêche pas de porter du fruit.

Jr 17, 5-8

namco
namco
namco

Invités à être forts pour adhérer à la volonté du Père

À son baptême, Jéus rempli de l'Esprit-Saint, quitta les bords du Jourdain ; il fut conduit par l'Esprit à travers le désert où, pendant quarante jours, il fut mis à l'épreuve par le démon. Il ne mangea rien durant ces jours-là, et, quand ce temps fut écoulé, il eut faim. Le démon lui dit alors : « Si tu es le Fils de Dieu, ordonne à cette pierre de devenir du pain. » Jésus répondit : « Il est écrit : "Ce n'est pas seulement de pain que l'homme doit vivre." » Le démon l'emmena alors plus haut, et lui fit voir d'un seul regard tous les royaumes de la terre. Il lui dit : « Je te donnerai tout pouvoir et la gloire de ces royaumes, car cela m'appartient et je le donne à qui je veux. Toi donc, si tu te prosternes devant moi, tu auras tout cela. » Jésus lui répondit : « Il est écrit : "Tu te prosterneras devant le Seigneur ton Dieu, et c'est lui seul que tu adoreras." Puis le démon le conduisit à Jérusalem, il le plaça au sommet du Temple et lui dit : « Si tu es le Fils de Dieu, jette-toi en bas ; car il est écrit : "Il donnera pour toi à ses anges l'ordre de te garder" ; et encore : "Ils te porteront sur leurs mains, de peur que ton pied ne heurte une pierre." Jésus lui répondit : « Il est dit : "Tu ne mettras pas à l'épreuve le Seigneur ton Dieu. " » Ayant épuisé toutes les formes de tentation, le démon s'éloigna de Jésus jusqu'au moment fixé.

Lc 4,1-13

Invités à voir Dieu dans chaque visage

Jésus prit avec lui Pierre, Jean et Jacques, et il alla sur la montagne pour prier. Pendant qu'il priait, son visage apparut tout autre, ses vêtements devinrent d'une blancheur éclatante. Et deux hommes s'entretenaient avec lui : c'étaient Moïse et Élie, apparus dans la gloire. Ils parlaient de son départ qui allait se réaliser à Jérusalem. Pierre et ses compagnons étaient accablés de sommeil, mais, se réveillant, ils virent la gloire de Jésus, et les deux hommes à ses côtés. Ces derniers s'en allaient, quand Pierre dit à Jésus : « Maître, il est heureux que nous soyons ici ; dressons trois tentes : une pour toi, une pour Moïse et une pour Élie. » Il ne savait pas ce qu'il disait. Pierre n'avait pas fini de parler, qu'une nuée survint et les couvrit de son ombre ; ils furent saisi de frayeur lorsqu'ils y pénétrèrent, et de la nuée, une voix se fit entendre : « Celui-ci est mon Fils, celui que j'ai choisi, écoutez-le. » Quand la voix eut retenti, on ne vit que Jésus seul. Les disciples gardèrent le silence et, de ce qu'ils avaient vu, ils ne dirent rien à personne à ce moment-là.

Lc 9, 28-36

INONDATION

Invités à la conversion pour grandir grâce à la patience de Dieu

Un jour, des gens vinrent rapporter à Jésus l'affaire des Galiléens que Pilate avait fait massacrer pendant qu'ils offraient un sacrifice. Jésus leur répondit : « Pensez-vous que ces Galiléens étaient de plus grands pécheurs que les autres galiléens pour avoir subi un tel sort ? Eh bien non je vous le dis ; si vous ne vous convertissez pas, vous périrez tous comme eux. Et ces dix-huit personnes, tuées par la chûte de la tour de Siloé, pensez-vous qu'elles étaient plus coupables que les autres habitants de Jérusalem ? Eh bien non, je vous le dis; si vous ne vous convertissez pas, vous périrez tous de la même manière. »

Jésus leur disait encore cette parabole : « Un homme avait un figuier planté dans sa vigne. Il vint chercher du fruit sur ce figuier, et n'en trouva pas. Il dit alors à son vigneron : "Voilà trois ans que je viens chercher du fruit sur ce figuier, et n'en trouve pas. Coupe-le. À quoi bon le laisser épuiser le sol ?" mais le vigneron lui répondit : "Seigneur, laisse-le encore cette année, le temps que je bêche autour pour y mettre du fumier. Peut-être donnera-t-il du fruit à l'avenir, sinon tu le couperas." »

Lc 13,1-9

Invités à reconnaître que Dieu est miséricorde

Les publicains et les pécheurs venaient à Jésus pour l'écouter. Les pharisiens et les scribes récriminaient contre lui : « Cet homme fait bon accueil aux pécheurs et il mange avec eux ! » Alors Jésus leur dit cette parabole : « Un homme avait deux fils. Le plus jeune dit à son père : "Père, donne-moi la part d'héritage qui me revient." Et le père fit le partage de ses biens. Peu de jours après, le plus jeune rassembla tout ce qu'il avait, et partit pour un pays lointain où il gaspilla sa fortune en menant une vie de désordre. Quand il eut tout dépensé, une grande famine survint dans cette région, et il commença à se trouver dans la misère. Il alla s'embaucher chez un homme du pays qui l'envoya dans ses champs garder les porcs. Il aurait bien voulu se remplir le ventre avec les gousses que mangeaient les porcs, mais personne ne lui donnait rien. Alors il réfléchit : "Tant d'ouvriers chez mon père ont du pain en abondance, et moi, ici je meurs de faim ! Je vais retourner chez mon père, et je lui dirai : "Père, j'ai péché contre le ciel et contre toi. Je ne mérite plus d'être appelé ton fils. Prends-moi comme l'un de tes ouvriers." Il partit donc pour aller chez son père. Comme il était encore loin, son père l'aperçut et fut saisi de pitié ; il courut se jeter à son cou et le couvrit de baisers. Le fils lui dit : "Père, j'ai péché contre le ciel et contre toi. Je ne mérite plus d'être appelé ton fils..." Mais le père dit à ses domestiques : "Vite, apportez le plus beau vêtement pour l'habiller. Mettez-lui une bague au doigt et des sandales pour l'habiller. Allez chercher le veau gras, tuez-le ; mangeons et festoyons, car mon fils que voilà était mort, et il est revenu à la vie ; il était perdu, et il est retrouvé." Et ils commencèrent la fête. Le fils aîné était aux champs. À son retour, quand il fut près de la maison, il entendit la musique et les danses. Appelant un des domestiques, il demanda ce qui se passait. Celui-ci répondit : "C'est ton frère qui est de retour. Et ton père a tué le veau gras, parce qu'il a vu revenir son fils en bonne santé." Alors le fils aîné se mit en colère, et il refusait d'entrer. Son père, qui était sorti, le suppliait. Mais il répliqua : "Il y a tant d'années que je suis à ton service sans avoir jamais désobéi à tes ordres, et jamais tu ne m'as donné un chevreau pour festoyer avec mes amis. Mais quand ton fils que voilà est arrivé, après avoir dépensé ton bien avec des filles, tu as fait tuer pour lui le veau gras !" Le père répondit : "Toi, mon enfant, tu es toujours avec moi, et tout ce qui est à moi est à toi. Il fallait bien se réjouir ; car ton frère que voilà était mort, et il est revenu à la vie ; il était perdu et il est retrouvé." »

Lc 15, 1-32

Invités à être témoins de l'infinie miséricorde

Jésus s'était rendu au mont des oliviers ; de bon matin, il retourna au temple de Jérusalem. Comme tout le peuple venait à lui, il s'assit et se mit à enseigner.

Les scribes et les pharisiens lui amenèrent une femme qu'on avait surprise en train de commettre l'adultère. Ils la firent avancer, et dirent à Jésus : « Maître, cette femme a été prise en flagrant délit d'adultère. Or, dans la loi, Moïse nous a ordonné de lapider ces femmes-là. Et toi, qu'en dis-tu ? » Ils parlaient ainsi pour le mettre à l'épreuve, afin de pouvoir l'accuser. Mais Jésus s'était baissé, et du doigt, il traçait des traits sur le sol. Comme on persistait à l'interroger, il se redressa et leur dit : « Celui d'entre vous qui est sans péché, qu'il soit le premier à lui jeter la pierre. » Et il se baissa de nouveau pour tracer des traits sur le sol. Quant à eux, sur cette réponse, il s'en allaient l'un après l'autre, en commençant par les plus âgés. Jésus resta seul avec la femme en face de lui. Il se redressa et lui demanda : « Femme, où sont-ils donc ? Alors, personne ne t'a condamnée ? » Elle répondit : « Personne Seigneur. » Et Jésus lui dit : « Moi non plus, je ne te condamne pas. Va, et désormais ne pèche plus. »

Jn 8, 1-11

Invités à accueillir Jésus

Quelques jours avant la fête de la Pâque, Jésus et ses disciples, approchant de Jérusalem, arrivèrent à Bethphagé, sur les pentes du mont des Oliviers. Alors Jésus envoya deux disciples : « Allez au village qui est en face de vous; vous trouverez aussitôt une ânesse attachée et son petit avec elle. Détachez-la et amenez-les moi. Et si l'on vous dit quelque chose, vous répondrez : "Le Seigneur en a besoin mais il les renverra aussitôt". Cela s'est passé pour accomplir la parole transmise par le prophète : Dites à la fille de Sion : "Voici ton roi qui vient vers toi, humble, monté sur une ânesse et un petit âne, le petit d'une bête de somme." Les disciples partirent et firent ce que Jésus leur avait ordonné. Ils amenèrent l'ânesse et son petit, disposèrent sur eux leurs manteaux, et Jésus s'assit dessus. Dans la foule, la plupart étendirent leurs manteaux sur le chemin ; d'autres coupaient des branches aux arbres et en jonchaient la route. Les foules qui marchaient devant Jésus et celles qui suivaient criaient : « Hozanna au fils de David ! Béni soit celui qui vient au nom du Seigneur ! Hozanna au plus haut des cieux ! » Comme Jésus entrait à Jérusalem, l'agitation gagna toute la ville; on se demandait : « Qui est cet homme ? » Et les foules répondaient : « C'est le prophète Jésus, de Nazareth en Galilée. »

(Mt 21, 1-11)

COM

Invités à préparer le repas du Seigneur

Dans le pays d'Egypte, le Seigneur dit à Moïse et à son frère Aaron : « Ce mois-ci sera pour vous le premier des mois, il marquera pour vous le commencement de l'année. Parlez ainsi à toute la communauté d'Israël : le dix de ce mois, que l'on prenne un agneau par famille, un agneau par maison...

Dans toute l'assemblée de la communauté d'Israël, on l'immolera au coucher du soleil. On prendra du sang, que l'on mettra sur les deux montants et sur le linteau des maisons où on le mangera. On mangera sa chair cette nuit-là, on la mangera rôtie au feu, avec des pains sans levain et des herbes amères...

Vous mangerez ainsi : la ceinture aux reins, les sandales aux pieds, le bâton à la main. Vous en mangerez en toute hâte : c'est la Pâque du Seigneur. Cette nuit-là, je traverserai le pays d'Egypte, je frapperai tout premier-né au pays d'Egypte, depuis les hommes jusqu'au bétail. Contre tous les dieux de l'Egypte j'exercerai mes jugements: je suis le Seigneur. Le sang sera pour vous un signe, sur les maisons où vous serez. Je verrai le sang, et je passerai: vous ne serez pas atteints par le fléau dont je frapperai le pays d'Egypte.

Quand vous serez entrés dans le pays que le Seigneur vous donnera selon sa promesse, vous conserverez ce rite. Et quand vos fils vous demanderont : « Que signifie pour vous ce rite ? » vous répondrez: « C'est le sacrifice de la Pâque en l'honneur du Seigneur : il a passé les maisons des fils d'Israël en Egypte; lorsqu'il a frappé l'Egypte, il a épargné nos maisons ! »

(Exode 12,1-13, 25-27)

Moi, je vous ai transmis ce que j'ai reçu de la tradition du Seigneur : la nuit même où il était livré, le Seigneur prit du pain, puis ayant rendu grâce, il le rompit, et dit : « Ceci est mon corps, donné pour vous. Faites cela en mémoire de moi. » Après le repas, il fit de même avec la coupe, en disant : « Cette coupe est la nouvelle Alliance établie par mon sang. Chaque fois que vous en boirez, faites cela en mémoire de moi . »

1 CO 11,33

Invités à reconnaître Jésus ressuscité

Après la mort de Jésus, le premier jour de la semaine, Marie-Madeleine se rend au tombeau de grand matin, alors qu'il fait encore sombre. Elle voit que la pierre a été enlevée du tombeau. Elle court donc trouver Simon-Pierre et l'autre disciple, celui que Jésus aimait, et elle leur dit: « On a enlevé le Seigneur de son tombeau, et nous ne savons pas où on l'a mis. » Pierre partit donc avec l'autre disciple pour se rendre au tombeau. Ils couraient tous les deux ensemble, mais l'autre disciple courut plus vite que Pierre et arriva le premier au tombeau. En se penchant, il voit que le linceul est resté là; cependant il n'entre pas. Simon-Pierre, qui le suivait, arrive à son tour. Il entre dans le tombeau, et il regarde le linceul resté là, et le linge qui avait recouvert la tête, non pas posé avec le linceul, mais roulé à part à sa place.

C'est alors qu'entra l'autre disciple, lui qui était arrivé le premier au tombeau. Il vit et il crut. Jusque-là, en effet, les disciples n'avaient pas vu que, d'après l'Ecriture, il fallait que Jésus ressuscite d'entre les morts.

(Jn 20,1-9)

TENTE DE LA RENCONTRE

CAFE BRASSERIE

Invités à découvrir les signes de l'Esprit

C'était après la mort de Jésus, le soir du premier jour de la semaine. Les disciples avaient verrouillé les portes du lieu où ils étaient car ils avaient peur des juifs. Jésus vint, et il était là au milieu d'eux. Il leur dit : « La paix soit avec vous ! » Après cette parole, il leur montra ses mains et son côté. Les disciples furent remplis de joie en voyant le Seigneur. Jésus leur dit à nouveau : « La paix soit avec vous ! de même que le Père m'a envoyé, moi aussi, je vous envoie. » Ayant ainsi parlé, il répandit sur eux son souffle et il leur dit : « Recevez l'Esprit-Saint. Tout homme à qui vous remettrez ses péchés, ils lui seront remis; tout homme à qui vous maintiendrez ses péchés, ils lui seront maintenus. »

Or, l'un des douze, Thomas (dont le nom signifie "Jumeau") n'était pas avec eux, quand Jésus était venu. Les autres disciples lui disaient : « Nous avons vu le seigneur ! » mais il leur déclara : « Si je ne vois pas dans ses mains la marque des clous, si je ne mets pas la main dans son côté, non, je n'y croirai pas.

Huit jours plus tard, les disciples se retrouvaient de nouveau dans la maison, et Thomas était avec eux. Jésus vient alors que les portes étaient verrouillées, et il était là au milieu d'eux, il dit : « La paix soit avec vous ! » Puis il dit à Thomas : « Avance ton doigt ici, et vois mes mains, avance ta main et mets-la dans mon côté : cesse d'être incrédule, sois croyant. » Thomas lui dit alors : « Mon Seigneur et mon Dieu ! » Jésus lui dit : « Parce que tu m'as vu, tu crois. Heureux ceux qui croient sans avoir vu. »

(Jn 20,19-31)

Invités à reconnaître Jésus au cœur de sa vie de tous les jours

Jésus se manifesta encore aux disciples sur le bord du lac de Tibériade, et voici comment. Il y avait là Simon-Pierre, avec Thomas, dont le nom signifie "Jumeau", Nathanael, de Cana en Galilée, les fils de Zébédée, et deux autres disciples. Simon-Pierre leur dit « Je m'en vais à la pêche. » Ils lui répondirent : « Nous allons avec toi. » Ils partirent et montèrent dans la barque ; or, ils passèrent la nuit sans rien prendre. Au lever du jour, Jésus était là, sur le rivage, mais les disciples ne savaient pas que c'était lui. Jésus les appela : « Les enfants, auriez-vous un peu de poisson ? » Ils lui répondirent : « Non ». Il leur dit : « Jetez le filet à droite de la barque, et vous trouverez. » Ils jetèrent donc le filet, et cette fois ils n'arrivaient pas à le ramener, tellement il y avait de poissons. Alors le disciple que Jésus aimait dit à Pierre : « C'est le Seigneur ! » Quand Simon-Pierre l'entendit déclarer que c'était le Seigneur, il passa un vêtement, car il n'avait rien sur lui, et il se jeta à l'eau. Les autres disciples arrivèrent en barque, tirant le filet plein de poissons ; la terre n'était qu'à une centaine de mètres. En débarquant sur le rivage, ils virent un feu de braises avec du poisson posé dessus, et du pain. Jésus leur dit : « Apportez donc de ces deux poissons que vous venez de prendre. » Simon-Pierre monta dans la barque et amena jusqu'à terre le filet plein de gros poissons : il y en avait cent cinquante-trois. Et malgré cette quantité, le filet ne s'était pas déchiré. Jésus dit alors : « Venez déjeuner. » Aucun des disciples n'osait lui demander : « Qui es-tu ? » Ils savaient que c'était le Seigneur. Jésus s'approcha, prit le pain et leur donna, ainsi que le poisson. C'était la troisième fois que Jésus ressuscité d'entre les morts se manifestait à ses disciples.Quand ils eurent déjeuné, Jésus dit à Simon-Pierre : « Simon, fils deJean, m'aimes-tu plus que ceux-ci ? » Il lui répondit : « Oui, Seigneur, je t'aime, tu le sais. » Jésus lui dit : « Sois le berger de mes agneaux. » Il lui dit une deuxième fois : « Simon, fils de Jean, m'aimes-tu ? » Il lui répondit : « Oui, seigneur, je t'aime tu le sais. » Jésus lui dit : « Sois le pasteur de mes brebis. » Il lui dit pour la troisième fois : « Simon, fils de Jean, est-ce-que tu m'aimes ? » Pierre fut peiné parce que pour la troisième fois, il lui demandait : « Est-ce que tu m'aimes ? » et il répondit : « Seigneur, tu sais tout : tu sais bien que je t'aime. » Jésus lui dit : « Sois le berger de mes brebis. Amen, amen, je te le dis: quand tu étais jeune, tu mettais ta ceinture toi-même pour aller là où tu voulais ; quand tu seras vieux, tu étendras les mains, et c'est un autre qui te mettras ta ceinture, pour t'emmener là où tu ne voudrais pas aller. » Jésus disait cela pour signifier par quel genre de mort Pierre rendrait gloire à Dieu. Puis il dit encore : « Suis-moi. »

Jn 21,1-19

VA AVEA
LUMII;
IOAN 8,12
EU SINT LUMINA
LUMII; CEL CE
IMI URMEAZĂ
MIE NU VA
UMBLA IN
CI VA AVEA
LUMINA
VIEȚII

Invités à suivre le Seigneur

Jésus avait dit aux juifs : « Je suis le Bon pasteur (le vrai berger). » Il leur dit encore : « Mes brebis écoutent ma voix ; moi, je les connais et elles me suivent. Je leur donne la vie éternelle : jamais elles ne périront, personne ne les arrachera de ma main. Mon Père, qui me les a données, est plus grand que tout, et personne ne peut rien arracher de la main du Père. Le Père et moi, nous sommes un. »

Jn 10, 27-30

Invités à être témoins de Jésus ressuscité

Au cours d'un repas qu'il prenait avec eux, il leur donna l'ordre de ne pas quitter Jérusalem, mais d'y attendre ce que le Père avait promis. Il leur disait : « C'est la promesse que vous avez entendue de ma bouche. Jean a baptisé avec de l'eau; mais vous, c'est dans l'Esprit-Saint que vous serez baptisés d'ici quelques jours. » Réunis autour de lui, les Apôtres lui demandaient : « Seigneur, est-ce maintenant que tu vas rétablir la royauté en Israël ? » Jésus leur répondit : « Il ne vous appartient pas de connaître les délais et les dates que le Père a fixés pour vous dans sa liberté souveraine. Mais vous allez recevoir une force, celle du Saint -Esprit qui viendra sur vous. Alors vous serez mes témoins à Jérusalem, dans toute la Judée et la Samarie, et jusqu'aux extrémités de la terre. »

Après ces paroles, ils le virent s'élever et disparaître à leurs yeux dans une nuée. Et comme ils fixaient encore le ciel où Jésus s'en allait, voici que deux hommes en vêtements blancs se tenaient devant eux et disaient : « Galiléens, pourquoi restez-vous là à regarder vers le ciel ? Jésus, qui a été enlevé du milieu de vous, reviendra de la même manière que vous l'avez vu s'en aller vers le ciel. »

(Actes 1,1-11)

Invités à vivre de la paix du Christ

À l'heure où Jésus passait de ce monde à son Père, il disait à ses disciples : « Si quelqu'un m'aime, il restera fidèle à ma parole ; mon Père l'aimera, nous viendrons chez lui, nous irons demeurer auprès de lui. Celui qui ne m'aime pas ne restera pas fidèle à mes paroles. Or, la parole que vous entendez n'est pas de moi : elle est du Père qui m'a envoyé. Je vous dis cela pendant que je demeure encore avec vous ; mais le Défenseur, l'Esprit-Saint que le Père enverra en mon nom, lui, vous enseignera tout, et il vous fera souvenir de tout ce que je vous ai dit.

C'est la paix que je vous laisse, c'est ma paix que je vous donne ; ce n'est pas à la manière du monde que je vous donne. Ne soyez donc pas bouleversés et effrayés. Vous avez entendu ce que je vous ai dit : "Je m'en vais et je reviens vers vous. Si vous m'aimiez, vous seriez dans la joie puisque je pars vers le Père, car le Père est plus grand que moi." Je vous ai dit toutes ces choses maintenant, avant qu'elles n'arrivent ; ainsi, lorqu'elles arriveront, vous croirez. »

Jn 14, 23-29

Invités à vivre du souffle de l'Esprit

Quand arriva la Pentecôte (le cinquantième jour après Pâques) ils se trouvaient réunis tous ensemble.

Soudain il vint du ciel un bruit pareil à celui d'un violent coup de vent: toute la maison où ils se tenaient en fut remplie. Ils virent apparaître come une sorte de feu qui se partageait en langues et qui se posa sur chacun d'eux. Alors ils furent tous remplis de l'Esprit Saint, ils se mirent à parler en d'autres langues, et chacun s'exprimait selon le don de l'Esprit.

Or il y avait, séjournant à Jérusalem, des juifs fervents, issus de toutes les nations qui sont sous le ciel. Lorsque les gens entendirent le bruit, ils se rassemblèrent en foule. Ils étaient dans la stupéfaction parce que chacun d'eux les entendait parler sa propre langue. Déconcertés, émerveillés, ils disaient : « Ces hommes qui parlent ne sont-ils pas tous des Galiléens ? Comment se fait-il que chacun de nous les entende dans sa langue maternelle ? Tous, nous les entendons proclamer dans nos langues les merveilles de Dieu. »

(Actes 2,1-11)

moyses
dauid
Josue
Jheremyas
matheus
marchus
Reddite que sunt cesaris cesari et que sunt dei deo
Johannes bb.
paulus
lucas

Invités à prier Dieu Trinité

PAR LUI, AVEC LUI ET EN LUI, À TOI, DIEU LE PÈRE TOUT PUISSANT,
DANS L'UNITÉ DU SAINT-ESPRIT, TOUT HONNEUR ET TOUTE GLOIRE
POUR LES SIÈCLES DES SIÈCLES
AMEN.

ĪS·NAZORAEVS·REX·IVDEORV̄.

Invités à reconnaître en Jésus notre Sauveur

Lorsque les anges eurent quitté les bergers pour le ciel, ceux-ci se disaient entre eux : « Allons jusqu'à Bethléem pour voir ce qui est arrivé, et que le Seigneur nous a fait connaître. » Ils se hâtèrent d'y aller, et ils découvrirent Marie et Joseph, avec le nouveau-né couché dans une mangeoire. Après l'avoir vu, ils racontèrent ce qui leur avait été annoncé au sujet de cet enfant. Et tout le monde s'étonnait de ce que racontaient les bergers. Marie, cependant, retenait tous ces événements et les méditait dans son cœur. Les bergers repartirent; ils glorifiaient et louaient Dieu pour tout ce qu'ils avaient entendu et vu selon ce qui leur avait été annoncé.

Lc 2,15-20

Invités à porter Jésus aux autres

En ces jours-là, Marie se mit en route rapidement vers une ville de la montagne de Judée. Elle entra dans la maison de Zacharie et salua Elisabeth.

Or, quand Elisabeth entendit la salutation de Marie, l'enfant tressaillit en elle. Alors, Elisabeth fut remplie de l'Esprit-Saint, et s'écria d'une voix forte : « Tu es bénie entre toutes les femmes, et le fruit de tes entrailles est béni. Comment ai-je ce bonheur que la mère de mon Seigneur vienne jusqu'à moi ? Car, lorsque j'ai entendu tes paroles de salutation, l'enfant a tressailli au-dedans de moi. Heureuse celle qui a cru à l'accomplissement des paroles qui lui furent dites de la part du Seigneur. »

Luc 1, 39-45

Invités à prier avec Jésus

SANS NOUS
LES PAUVRES PAS DE COMMUNAUTE
CHRÉTIENNE

Invités à s'ouvrir au partage

Jésus partit en barque pour un endroit désert, à l'écart. Les foules l'apprirent et, quittant leurs villes, elles suivirent à pied. En débarquant, il vit une grande foule de gens; il fut saisi de pitié envers eux et guérit les infirmes. Le soir venu, les disciples s'approchèrent et lui dirent : « L'endroit est désert et il se fait tard. Renvoie donc la foule, qu'ils aillent dans les villages s'acheter à manger. » Mais Jésus leur dit : « Ils n'ont pas besoin de s'en aller. Donnez-leur vous-mêmes à manger. » Alors ils lui disent : « Nous n'avons là que cinq pains et deux poissons. » Jésus dit : « Apportez-les moi ici. » Puis, ordonnant à la foule de s'asseoir sur l'herbe, il prit les cinq pains et les deux poissons, et, levant les yeux au ciel, il prononça la bénédiction : il rompit les pains, il les donna aux disciples, et les disciples les donnèrent à la foule. Tous mangèrent à leur faim et, des morceaux qui restaient, on ramassa douze paniers pleins. Ceux qui avaient mangé étaient environ cinq mille, sans compter les femmes et les enfants.

Matthieu 14,13-21

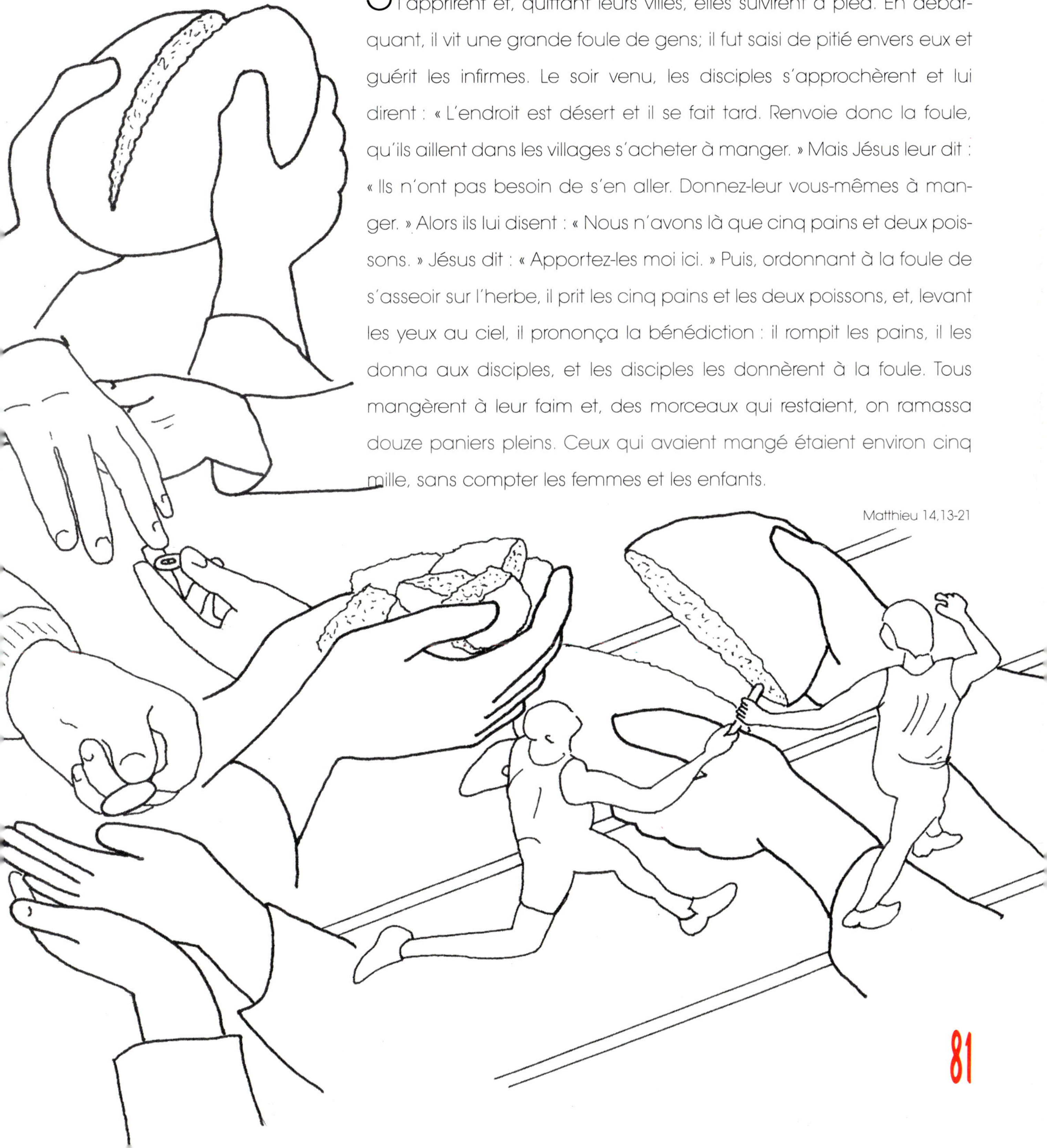

Invités à découvrir que Dieu est Pardon

Invités à découvrir le Pardon de Jésus

Arrivés à l'endroit appelé Golgotha, c'est-à-dire Lieu-du-Crâne ou calvaire, ils donnèrent à boire à Jésus du vin mêlé de fiel; il en goûta, mais ne voulut pas boire. Après l'avoir crucifié, ils se partagèrent ses vêtements en tirant au sort; et ils restaient là, assis, à le garder. Au-dessus de sa tête on inscrivit le motif de sa condamnation : « Celui-ci est Jésus, le roi des Juifs. » En même temps, on crucifie avec lui deux bandits, l'un à droite et l'autre à gauche. Les passants l'injuriaient en hochant la tête : « Toi qui détruis le Temple et le rebâtis en trois jours, sauve-toi toi-même, si tu es Fils de dieu, et descends de la croix ! » De même les chefs des prêtres se moquaient de lui avec les scribes et les anciens, en disant : « Il en a sauvé d'autres, et il ne peut se sauver lui-même ! C'est le roi d'Israël : qu'il descende maintenant de la croix et nous croirons en lui ! Il a mis sa confiance en Dieu : que Dieu le délivre maintenant, s'il l'aime ! Car il a dit : « Je suis le Fils de Dieu ». Les bandits crucifiés avec lui l'insultaient de la même manière.

Matthieu 27, 33-44

Je réponds à ton invitation

Je fixe la durée de ma prière...
Je choisis une position pour prier...
Je me calme en respirant doucement...
Je laisse la paix m'envahir...
Je fais lentement **le signe de croix**.
Me voici, Seigneur, je suis heureux (heureuse) de m'arrêter pour toi.

Je regarde la journée qui vient de s'écouler :
ce que j'ai fais,
ce qui a été dur,
ce qui a été joyeux.

Pardon Jésus, pour ce que j'ai raté, gâché...

Merci, Jésus, pour ce qui a été beau...

Je ferme les yeux et dans mon cœur j'offre ma vie :
« Jésus, tu vois ce qui est beau chez moi, me voici. »

Je regarde les photos :
je dis Merci à Jésus pour ce que je trouve beau,
je demande pardon à Jésus pour ce qui est gâché autour de moi.

La Parole de Dieu :
« La preuve que vous êtes des fils, c'est que Dieu a envoyé dans nos cœurs l'Esprit de son Fils qui crie : Abba ! Père ! » Gal. 4, 6

Je suis ta fille (ton fils) et tu veux me changer. Tu veux me donner ta douceur, ton bonheur...

Je ferme les yeux pour ÉCOUTER ton amour de Père faire signe en moi.
Silence plein d'attention.

C'est l'Esprit-Saint qui fait signe en moi. Il crie : « Abba, Père ».
Silence de qualité.

Je fredonne ou je dis :
« Esprit de Dieu, envoie ta lumière, dans nos cœurs;
Esprit de Dieu, redresse et réchauffe, notre foi ! »

Mains ouvertes je dis le **Notre Père**.

Je termine ma prière en faisant l**e signe de croix**.

Je prévois quand, demain, je pourrais à nouveau prendre du temps avec Dieu...

Je réponds à ton invitation

Je fixe la durée de ma prière...
Je choisis une position pour prier...
Pendant quelques instants, je respire calmement,
Je laisse la paix m'envahir...
Je fais lentement **le signe de croix**.

Je regarde les photos :
Comme elle est belle ma terre.
Elle me fait penser à toi.

J'écoute :
Il y a des bruits autour de moi.
Je te les offre, Seigneur, ils font partie de ma vie.

Je fais silence.

Je prie doucementen laissant résonner chacune de mes prières :
Avec celles et ceux qui m'ont précédé et ont cru en Toi, Seigneur je te dis : je crois.
Avec la Vierge Marie, ta maman, Seigneur Jésus, je crois.
Avec les prophètes, avec les apôtres, Seigneur, je crois.
Avec celles et ceux qui t'ont offert leur vie, Seigneur, je crois.
Avec les saintes et saints qui sont devant Toi, Seigneur, je crois.

Je fais silence.

La Parole de Dieu :
« Si le grain de blé ne meurt, il reste seul : mais s'il meurt, il porte beaucoup de fruits. »
« Si quelqu'un veut me servir, qu'il me suive, et là où je suis, là aussi sera mon serviteur. »

Je choisis la parole qui me parle davantage et je la redis doucement.
Me voici, Seigneur... je peux dire à Jésus ce qui vient de mon cœur...

Je fais silence.

Je fredonne ou je dis :
« Saints et saintes de Dieu dont la vie et la mort ont crié Jésus-Christ sur les routes du monde,
saints et saintes de Dieu, priez pour nous. »

Mains ouvertes je dis le **Notre Père**.

Je termine ma prière en faisant l**e signe de croix**.

Je prévois quand, demain, je pourrais à nouveau prendre du temps avec Dieu...

Je fixe la durée de ma prière...

Je choisis une position pour prier...

Pendant quelques instants, je respire calmement, je me calme...

J'offre au Seigneur ce qui me reste d'agitation

Je ferme les yeux et je fais lentement le signe de croix

Père, tu m'aimes, je suis ton enfant...

Yeux fermés, je rejoins à l'intérieur de moi l'amour du Père en reprenant doucement... Père...

Tu es Dieu... tu m'aimes... je suis ton enfant...

Esprit-Saint, tu es Dieu, tu es l'amour qui m'anime...

Yeux fermés, je prie l'Esprit-Saint pour qu'il me parle :

- aime-moi
- sculpte-moi
- façonne-moi
- augmente en moi la foi
- tu es en moi
- tu es souffle en moi
- conduis-moi au Père
- conduis-moi à Jésus

Jésus, tu es Dieu, tu es Seigneur, tu es Parole du Père, tu envoies l'Esprit-Saint.

Je t'aime Jésus, je veux te suivre...

Avec toi je redis : Notre Père...

ISBN 2.283.73026.0

Loi n° 49.956 du 16 juillet 1949 sur les publications destinées à la jeunesse.

Crédits photographiques (par page) :

Couverture © Pascale L.R. / p.1 © P. L. R. (Roger Van Der weyden (1399/1400-1464) l'Adoration des Rois Mages) / p.2 © Pascale L.R. / p.6 © Henri-Claude Jouvenaux, © Pascale L.R. / p.8 © Pascale L.R. / p.10 © Henri-Claude Jouvenaux / p.12 © R. Martin-Ciric (Mali), © Alain Pinoges-Ciric (Mostar, Croatie), © Pascale L.R., Marie-Noëlle Pruvot / p.14 © Pascale L.R. / p.16 © Roland-Artephot (*L'Agneau Mystique*, Van Eyck, détail du panneau central du rétable de St Bavon, Gand, Belgique) / p.18 © A. Held-Arthephot (Ste Catherine, sculpt. suisse, H. Geiler, Fribourg M.A.H ; St Antoine (Ermite), sculpt. suisse, H. Geiler, Fribourg M.A.H ; St Georges, sculpt. suisse, anonyme, collection privée ; St Christophe, sculpt. suisse anonyme, Heitenried ; St Nicolas, sculpt. gothique, anonyme, Barcelone M.A.C.), © Y. Boëlle-Artephot (Vierge à l'enfant, anonyme, Plumergat) / p.20 © Deldique-Ciric (Cyrrhus, Syrie du Nord) / p.22 © Photo Henri Gaud (Arbre de Jessé, vitrail, Cathédrale St Lazare, Autun) / p.24 © Photo G. François Lebon (Lac Titicaca, Bolivie) / p.26 © Ph. A. Meyer-Artephot (St Jean-Baptiste, Antonio Vivarini, Musée des Beaux-Arts-Vienne), © P. Ward-Ana (Nvelle Zélande), H. le Campion-Ana (Alpes, France), T. Johnson-Ana (Canada) / p.28 © Jean-François Lebon / p.30 © Henri-Claude Jouvenaux, © Pascale L.R. / p.32 © Pareti-Scala (*Baptême de Jésus* , Pietro Perugino (1445/50-1523) Chapelle Sixtine, Vatican) / p.34 © RMN (Les Noces de Cana, Caliari Paolo Véronèse (1528-1588), huile sur toile / p.36 © J.L. Luyssen-Ciric, Mario Ponta-Ciric, © Rémi Tournus / p.38 © J. F. Lebon © Macintyre-Ana, Johnson-Ana / p.40 © Photo Henri Gaud (*Prophète Isaïe*, fresque des prophètes, Avignon) / p.42 © Michel Brunet, © Roberto-Ana / p.44 © J. P. Pouteau-Ciric, PH. Lissac-Ciric, P. Franck-Ciric, T. Ribolowski-Ciric / p.46 © Corinne Simon-Ciric, Alain Pinoges-Ciric, Raymond Deldique-Ciric, Ph. Lissac-Ciric / p. 48 © Y. Jouanjan-Éditing, © Paireault-Ana, Henneghien-Ana, M. Vautier-Ana / p.50 © Alinari-Giraudon (*La Genèse, création d'Adam*, Michel-Ange (1475-1564), Rome, Vatican, Chapelle Sixtine / p.52 © Gérard Blot-RMN (*La femme adultère*, Lotto Lorenzo (1480-1556) huile sur toile, Louvre / p.54 © Rémi Tournus (Porte des Magrébins, Jérusalem) / p.56 © Pascale L.R. / p.58 © AKG photo (*La résurrection du Christ*, Meister von Hohenfurth, vers 1350, détail, galerie Narodni, Prague, Tchécoslovaquie) / p.60 © Henri-Claude Jouvenaux, © Pascale L.R. / p.62 © Henri Claude Jouvenaux, © Marcel Crozet-Ciric, J. M. Mazerolle-Ciric, / p.64 © P. Thebault-Ciric, © Rémi Tournus (Le bon pasteur, bois sculpté polychrome, F. Prunet, sculpteur), © Dagli Orti (icône du XVIIIe Musée Byzantin d'Athènes) / p.66 © Orsi Battaglini-AKG Paris (Lettrine d'un manuscrit, miniature allemande, fin XIVe siècle, musée de San Marco, Florence, Italie) / p.68 © Henri Claude Jouvenaux / p.70 © Christiane Huriau, © Henri-Claude Jouvenaux, © Pascale L.R. / p.72 © Collection musée Rigaud, service photo-ville de Perpignan (Retable de la Trinité, 1489) / p.74 © AKG photo (Christ sur la croix et Marie-Madeleine, Luca Signoreli, XVe siècle, détail, galerie des Offices, Florence) / p.76 © D.R. (*La visitation*, détail de la façade de la cathédrale de Chartres) / p.78 © Henri-Claude Jouvenaux, © Pascale L.R. / p.80 © Pascale L.R., © Rémi Tournus (Stand du Secours catholique) / p.82 © Rémi Tournus (Adoration des mages, crèche des petites sœurs de Bethléem) / p.84 © Stephen Diller-AKG photo Paris (*l'Arrestation du Christ et le Portement de croix*, Pietro Lorenzetti, XIVe siècle, détails d'une fresque, Basilique San Francesco, Assise, Italie) / p.86 © Pascale L.R. / p.88 © Henri-Claude Jouvenaux / p.90 © Pascale L.R. / p.92 © Henri-Claude Jouvenaux, © Pascale L.R., © P. Héliot / p.94 © Henri-Claude Jouvenaux.